ALFAAZ-E-MO'TABAR

ADHOORI KHWAHISHON KI DASTAAN

MUJAHID SHAMSI

ISBN 979-888546283-9

This book is dedicated to all those who have loved and lost.

To all those who find it hard to express their emotions and find

it really hard to come out of that phase. They suffer in pain,in

agony

and in despair.

Contents

Contents

Contents

Preface

Alfaaz-e-mo'tabar is a story about unrequited love. It is about love that is not returned or rewarded. It is a one-sided experience that can leave us feeling pain, grief, and shame.

Because what's worse than knowing you want something, besides knowing you can never have it.

The feelings that hurt most, the emotions that sting most, are those that are absurd – The longing for impossible things, precisely because they are impossible.

1. Pehla Pehla Pyaar.

Aakhein yeh jab padhi uske chehre pe,
Dil bhi muskurane laga
Dhadkane bhi tezz hogayi usse dekhne pe,
Mann bhi ab gaane laga,
Saundhi saundhi si uski adaayein
Waqt bhi thamne laga,
Uske chehre ko cho ke guzar rahi thi hawayein,
Un hawao mai udhne ka dil karne laga,
Sayaani sayaani si uski aakhein,
Unn akhon mai kho se gaye kahi hum,
Uski zulfe ghani aur kaali jaise gehri gehri raatein,
Unn zulfo mai ulajh gaye kahi hum,
Chahat aise hui uss din usse paane ke,
Ki har dua mai usse maangne lage,
Khwahish thi bas usse apni zindagi mai laane ki,
Ki raaton mai bhi ab hum jaagne lage,
Aisa laga ki jaise le koi yeh dil gaya,
Insano ki duniya mai humme jaise koi farishta mil gaya,
Ehsaas pehle aisa kabhi hua nahi,
Itna pyaar shayad kabhi kissi se pehle hua nahi,
Din shuru hota ab usse aur khatam bhi hota ussse,
Zindagi ki kis modh pe kaun mil jaaye kyaa pata kisse.

2. Pehli Jhalak

Gazab ka din tha jab tumhe pehli baar dekha tha,

Aakhein badi, aur moo khula ka khula reh gaya tha,

Surmayi surmayi si uski voh aakhein,

Dekh ke unko hum ho gaye unpe fanaa,

Uske chehre pe gir rahi thi uski zulfein,

Hosh hi kho baithe hum apna,

Aisa khoobsurat koi humne dekha na tha,

Duniya mai rehte rehte jannat ka nazaara pehle kabhi dekha na tha,

Uss din khuda ki qudrat pe bhi humme yakeen ho gaya,

Dekhte hi dekhte voh mera deen ban gaya,

Nazron mai mere ab uska chehra bas chuka tha,

Dil mai bhi mere voh poori tarah utar chuka tha.

3. Deedar

In nigaahon ko bhi hone laga uska hasrat-e-deedar,

Aisa hua toh tha pehli hi baar,

Dekh ke jisse hawayein bhi rukh badal leti thi,

Jiski awaaz shor mai bhi sukoon deti thi,

Khoobsurat hai jo iss duniya ke har ek nazaare se,

Yeh dil jeet liya jisne sirf apne ek ishaare se,

Mulaqaat hoti hai jisse har roz khawaabo mai,

Iss kahaani jaise koi kahaani, hai nahi kissi bhi kitaabo mai.

4. Kuch Khwaab

Tumhe dekh ke mann mai kuch aisa hua,
Chand se zyaada khoobsurat koi kaise hua,
Khwaab toh har koi dekh sakta hai,
Par tumhe dekh ke jaana ki voh haqeeqat bhi ho sakta hai.

5. Voh Pal

Tumhe apne saamne dekh,bas yahi soch dil mai aaye,
Tumhaare saath jaise har khushi meri hi jholi bhar aaye,
Tumhe dekh ke khuda ki qudrat pe hume bhi yakeen aaye,
Mere raat ke har khwaab mai sirf tu hi nazar aaye,
Kya hoga agar kabhi voh pal aaye,jisme tu hi nazar na aaye?

6. Noor-e-Nazar

Noor-e-nazar ban gayi tum jabse,
Dikhe kuch aur na humme tabse
Tumhe chahne mai bita di humne, apni har subah aur shaam
Tumhaari ek hassi pe, kardi apni poori zindagi tumhaare naam.

7. Firdaus

Kya kahein ab uske baare mai hum,
Sirf alfaazo se uski tareef karna namumkin sa hai,
Jiska basera ho aapke khayalo mai,
Usse dil na lagaana na mumkin sa hai,
Voh aakhein jhukaaye toh jaise jaan nikal jaaye,
Voh baalon ka samete toh dil ki dhadhkane badh jaaye,
Har pal har lamha uske saath ek khoobsurat khwaab se kam
nahi,
Kyaa kahein ab uske baare mai jo khud khuda ke karishme se
kam nahi,
Uski chehre ki ek hasee se dil mai zalzale se aajate hai,
Uski ek khwahish ko poora karne ke liye duniya se bhi hum ladh
jaate hai,
Andaaz hi uske kuch aise hai, mahtab bhi uske aage pheeka sa
lage,
Uske saath rehne se yeh duniya bhi firdaus si lage,
Kya kahein ab uske baare mai hum,
Sirf alfaazo se uski tareef karna namumkin sa hai.

8. Dekhte Dekhte

Bina baat ke bhi ab hum muskuraane lage thai,
Jisse socha na tha kabhi, usse bhi hum chahne lage thai,
Chehre pe chamak aur aakhein hasne lagi thi,
Dekhte hi Dekhte yeh zindagi kitni haseen lagne lagi thi.
Iss qadar hone lagi thi hume uski hasrat,
Mit gayi jitni bhi thi mere dil mai nafrat,
Ek nazar dekhte hi hui thi usse ek ajeeb si harkat,
Uske har kadam mai na jaane kitni thi barkat.
Zikr ho ab kabhi khuda ke noor ka,ya kohinoor ki baat ho,
khatam hoti hai uspe,ab kahin ki bhi baat ho,
Qudrat ke karishmo se bhari yeh poori duniya hai,
Usme se ek karishma , meri poori duniya hai.

9. Aqs

Uske bina hum adhoore hain kuch iss tarah,
Aise chaha na kabhi kissi ko bepanah,
Uska aqs meri zindagi mai kuch aise padh gaya,
Iss bhatakte musafir ko, jaise apna basera mil gaya.
Uske aane se zindagi kitni haseen lagne lagi,
Dhalti shaamein aur bhi zyaada mehjabeen lagne lagi,
Usse dekh ke iss mushkil safar pe chalne ka jaise zariya mil gaya,
"Shayad" usme humme apna humsafar bhi mil gaya.

10. Chaahat aur Mohabbat

Kabhi jaana kissi sagar ke kinaare,
jahan door door tak ho paani aur uppar ho sitaare,
Uthaana phir paani ko apne haathon mai,
Jo jaathon mai aajaye voh hai chaahat tumhaari,
Aur jo reh jaaye, voh hai mohabbat humaari.

11. Zikr

Humse door jab kabhi voh hoti hai, toh har ghadi kuch kehti hai,
Dhoondhti hai yeh nigaahein usse, jo iss dil mai rehti hai,
Usse milte hi iss jahan ka har rang jaise khil jaata hai,
Humme bhi khush rehne ka jaise ek zariya mil jaata hai,
Bina uske bheedh mai bhi jaise hum akele hai,
Subah aakh khulte hi, kyu uska khayal sabse pehle hai,
Uski awaaz sune bina koi bhi din poora nahi hota,
Usse mil ke koi bhi khwaab adhoora nahi hota,
Uski yaad mai yeh dil aksar rota hai,
Tabhi meri har dua mai uske hi naam ka zikr hota hai.

12. Khumaar

Baithe baithe kahin khone lage hain hum,
Dheere dheere kissi ke hone lage hai hum,
Hawayein bhi gun gunaane lagi hai ab,
Aakhein bhi muskuraane lagi hai ab,
Yeh duniya bhi ab jannat se kam nahi,
Voh khuda ki amaanat se kam nahi,
Geet koi bhi ho par alfaazo mai vahi hoti hai,
Sote jaagte khayalo mai bas vahi hoti hai,
Dhadhkano pe bhi ab chaane laga hai uska khumaar,
Hogaya hai shayad humko bhi pyaar.

13. Izhaar

Kuch log mohobbat toh karte hai,
Par kabhi dikhaate nahi,
Dhadhkane bhi apni zyaada kissi ko sunaate nahi,
Voh mohobbat hi kya jo nigaahon mai na dikh jaaye,
Voh mohobbat hi kya jo nigaahon mai na dikh jaaye,
Voh mohobbat hi kya jiska izhaar apni zubaan se ho jaaye.

14. Kya pata kisse

Kehdo jo dil mai hai,kya pata kab aakhri mulaqaat hai,
Reh na jaaye phir,voh jo dil mai baat hai,
Mili hai humme bade naseebo se yeh haseen raat hai,
Yeh koi ittefaaq nahi,jo ho rahi bin mausam ki barsaat hai,
Keh do jo dil mai hai,kya pata kisse
Kab aakhri mulaqaat hai.

15. Keh na sake hum

Kehne ko toh bohot kuch tha,
par keh na sake hum,
Labon pe toh bohot kuch tha,
Par phir bhi khamosh rahe hum,
Baahon mai usse lene ka mann toh tha,
Par phir bhi usse door rahe hum,
Iss safar pe usse humsafar banaane ka armaan toh tha,
Par phir bhi iss raah pe gumnaam khade rahe hum,
Duniya mai usse zyaada kissi ko chaaha bhi nahi tha,
Par uss chaahat ko dil ke kissi kamre mai qaid kare rahe hum,
Usse kissi doosre ke saath dekh ke dard toh bohot hota tha,
Par phir bhi uska saaya bane rahe hum,
Kehne ko toh bohot kuch tha,
Par keh na sake kuch hum.
Jab kuch keh na sake, tab in khamoshiyon ko bhi padhlo na,
Jo in aakhon mai hai voh bhi kabhi padhlo na,
Kitni raatein guzaari humne tumhaari baatein sunne mai,
Jo baatein hum na keh paaye, voh bhi kabhi tum sunlo na,
Apni khwaahishon mai, apne khwaabon, apne tasavvur mai
tumhe jagah di,
Apne dil mai thodi si jagah humme bhi dedo na,

Har toofan mai har baarish mai humesha tumhaara haath
thama,
Meri in sooni raahon mai, kabhi mera bhi haath pakadhlo na,
Jab kuch keh na sake, tab in khamoshiyon ko bhi samjhlo na

16. Kaash

Kaash yeh kabhi hum usse bata sake,

Dil mai jo hai voh apne labon pe bhi la sake,

Mili jo voh humme zindagi ki raahon mein,

Kho se gaye kahin hum uski baaton mai,

Khayaalo mein mere ab sirf uska basera hota hai,

Usse shuru mera har savera hota hai,

Mera har raasta sirf usse guzarta,

Har pal yeh dil yaad bhi sirf usse hi karta,

Bina kahe har baat meri samjh voh leti,

Sun hum bhi lete jo baatein voh kabhi na kehti,

Meri har dhadhkan mai voh shaamil hai,

Uske saath mera har ek lamha kaamil hai,

Haddein saari apni bhool kar,

Yeh dil uspe marta raha,

Aadatein apni saari chorkar,

Ibaadat uski karta raha,

Usse kissi doosre ke saath dekh ke yeh dil jalta bhi tha,

Aakhon mai toh gham tha, lakin yeh chehra phir bhi hasta tha,

Darr toh usse sirf kho dene ka tha,

Isiliye hummara bhala toh sirf khamosh rehne mai tha,

Par kaash yeh kabhi hum usse bata paaye,

Dil mai jo humesha raha hai, voh apne labon pe la paaye.

17. Qayaam

Shab ki tanhai mai ab toh aksar guftugu usse raha karti hai,
Usne dekha nahi kabhi,
Varna yeh aakhein bhi dil ke ehwaal kaha karti hai,
Safar chahe koi bhi ho,
Dil mai aaj bhi sirf uska qayaam hai,
Aarzoo na hui ho jab usse paane ki,
Guzri nahi kabhi,aise koi shaam hai,
Jo humaare muqaddar mai hi nahi,
Voh na jaane zindagi mai hi kyu aaya,
Hum jisse gun guna nahi sake,
Waqt ne jaane aisa geet hi kyu gaaya.

18. Khayal

Mere kuch khayal hain jo main,
Tumse bayan nahi kar saka.
Tumse jyada qeemti koi shaqs nahi,
Yeh tumhe samjha na saka.
Tumhaare saath bitaya waqt jab yaad aata hai,
Dhundla sa sab padh jata hai.
Tumhaare naam se aaj bhi,
Dil ki dhadkanein ruk jaati hain.
Aankhein namm aur saansein tham jaati hain.
Tumhaare saath reh ke maine jaana
Khush rehna kya hota hai.
Adhoora hoke bhi poora hona kya hota hai.
Tum baarish si aayi aur
Mere dil ki banjar zameen ko baagh kar gayi.
Khoobsoorat khwaab dikha ke
Unhe adhoora he chhor gayi.
Kaash ye kabhi hua na hota,
Tum mujhse door ja sako
Aisa koi raasta bana hi na hota.

19. Mere Armaan

Ajnabiyo ki bhari mehfil mai,uska ho jaane ka dil karta hai,
Sannate ke iss mushayre mai,usse dil ke haal gaane ka dil karta
hai,
Kissi bhool bhulayya,ya kissi bheedh mai nahi,lakin
Uski ghani zulfon mai kho jaane ka dil karta hai,
Kissi ko kuch saabit karke nahi dikhaana,lakin
Uski neend mai uska sirhaana banne ka dil karta hai,
Kissi gehre samandar mai nahi,
Lakin uski aakhon ki gehrai mai doob jaane ka dil karta hai,
Raat ke khoobsoorat chand ko nahi,
Lakin uske chehre ki hassi ko dekhne ka dil karta hai,
Koi zyaada badi khwaahish toh nahi,
Par uske haath pakad ke saath chalne ka dil karta hai,
Iss har taraf ke tezz shor mai,
Uski khamoshi sunne ka dil karta hai,
Poori raat jag ke,
Usse takte rehne ka dil karta hai,
Aarman hai yeh kuch mere,
Inhe bas poora karne ka dil karta hai.

20. Aas

Jo dil se kabhi jaaye na voh fikr ho tum,
Jo labon pe har waqt ho, voh zikr ho tum,
Jo lafzon se bayan na ho,
Voh ehsaas ho tum,
Jo dil mai humesha rahe,
Voh aas ho tum.
Kuch log pyaar kar toh lete hai,
Par usse nibha nahi paate,
Aur kuch log pyaar karke,
Kabhi usse bata nahi paate.

21. Khamoshi

Kyu humesha kuch kahun,kabhi khamoshi bhi samjho na,
Kabhi milo toh dil ke zakhm bhi bhardo na,
Janmo ke waade nahi par jabtak mai hu tab tak apna saath
mere naam kardo na,
Mere dil ko zindagi bhar ke liye apna basera bana lo na,
Jab baitho kuch baatein karne, kabhi inn aakhon ko bhi padh
lo na,
Iss zamane se thoda hatke, apne kare har waade ko nibha lo na,
Har taraf ke tezz shor mai,mera sukoon bhi kabhi bano na,
Kabhi agar apni raah se bhatke hum,toh meri rehbar bano na,
Mat karo fikar kal ki,par is pal meri har khushi ki vajah bano
na,
Kyu humesha yeh kahu,kabhi mere ehsaas bhi samjho na.

22. Hasrat-e-Dil

Jo kabhi baatien na keh paayi voh khamoshi ne keh diya,
Bhatke hum iss qadar, ki jinhe nahi dena tha,
unhe bhi humne apna dil de diya,
Aise toh jo khwaahish thi, voh haqeeqat se kaafi door thi,
Thodi thodi uski aadat bhi humme zaroor thi,
Na jaane iss dhundh mai voh kahan kho gaya,
Dekhte hi dekhte voh humse kitna door hogaya,
Kabhi kabhi aadhi raat ke sannato mai,
dil uss ek awaaz ko dhoondhta hai,
Fir bebas hoke seher ke intezaar mai sojaata hai,
Kisse pata tha jo hasrat-e-dil thi, voh hasrat-e-gham ban
jaayegi,
Itni guftuguoo ke baad bhi kitni baatein unkahi reh jayengi,
Kyu dekhte hai hum voh khwaab jo poore nahi hote,
Dil mai baste kyu hai vahi log, jo kabhi hummare nahi hote,
Jo kabhi baatein na keh paayi, voh khamoshi ne keh diya,
Bhatke hum iss qadar, jinhe nahi dena tha,
unhe bhi humne apna dil de diya.

23. Kati Patang

Kabhi kabhi zindagi se aise udh jaate hai rang,
Kat jaati hai aksar khawahisho ki uchi udhti hui patang,
Raat ki neend mai jo khwaab humne sajaye,
Bikhre voh iss tarah, ki jo kabhi na socha tha,
Voh din bhi iss zindagi ne hume dikhaye.
Dil mai hai itna kuch,
Par saamne jaake unse do baat bhi nahi hoti,
Kuch mohobbat karne vaalo ki,
Aksar mulaaqat bhi nahi hoti.

24. Raahi

Raahi hu main,
manzil voh kissi aur ki,
Mohobbat voh meri,
Par muqammal kissi aur ki,
Dil mai voh mere,
Par dhadhkan voh kissi aur ki,
Khwaabon mai voh mere,
Par haqeeqat kissi aur ki.

25. Be-Sabr

Suni suni si yeh sadak hai,
Dil bohot tezz raha dhadhak hai,
Dhoondhli dhoondhli si hai nigaahein,
Jaane kahan le jaa rahi hai yeh meri raahein,
Sawaalo ki aandhi mere sar mai hai,
Itni mushkilein kyu aati har safar mai hai,
Khwaab dekhe toh bahot hai,
Logo ki umeede bhi ab bahot hai,
Dil bhi ab bohot be-sabr hai,
Suni suni si sadak,jaana ab pata nahi kidhar hai.

26. Manzil

Aise khwaahish ab hume uski hone lagi,
Jaise mere jeene ke liye zarooti voh hone lagi,
Lakin mere khuda ko toh kuch aur hi manzoor tha,
Manzil mere saamne thi,
Lakin phir bhi usse mai bohot door tha.

27. Zakhm

Har insaan ki apni ek kahaani hai,
Khamosh rehna bhi pyaar ki ek nishaani hai,
Zakhm nahi hai phir bhi dard ka ehsaas hota hai,
Voh mere paas toh nahi,
Par yeh dil phir bhi unke paas hota hai.
Dard mai koi bhi mausam pyaara nahi hota,
Paani jitna bhi ho,
Phir bhi pyaase ka guzaara nahi hota,
Hum toh sabke hojaate hai ghaalib,
Par phir bhi koi humaara nahi hota.
Kuch zakhm humesha ke liye jagah bana lete hai dil ke ghar
mai,
Dawa bhi nahi bani kabhi,
In zakhmo ki duniya bhar mai,
Iss liye dil ke darwaaze ab hum aksar band rakhte hai,
Naye log milte toh bohot hai,
Par dil ke kareeb chand ko rakhte hai.

28. Doori

Yeh duniya aksar deti hai gham,
Shareek aksar usme hote hai hum,
Kissi ke door jaane se waqt bhi jaata hai tham,
Lakin phir bhi,
Mohobbat nahi hoti hai kam.
Mohobbat hoti kaise hai, yeh to sabne sikhaya,
Mohobbat nibhaate kaise hai, yeh bhi sabne dikhaya,
Lakin jab mohobbat hojaaye kissi se,
Toh usse bhulaate kaise hai,
Yeh toh kissi ne nahi bataya.

29. Sannate

Yeh jo aadhi raat ke sannate hai,
Zindagi ne sabke hisse mai baate hai,
Kabhi kabhi dhoop bhi namm hoti hai,
Kabhi kabhi khushiyan bhi kamm hoti hai,
Aksar hum haalaton se haar jaate hai,
Kismat se bhi maar kha jaate hai,
Chehre pe toh hasi,par aakhon mai nami hoti hai,
Jeene ki chah mai ekdum se kami hoti hai,
Waqt der se sahi par guzar jaata hai,
Khushiyon ka manzar fir se hojata hai,
Mausamo ki tarah din bhi badal jaate hai,
Yeh jo aadhi raat ke sannate hai,
Zindagi ne toh sabko hi baate hai.

30. Falsafa.

Zindagi ka bhi ajeeb falsafa hai,
Kuch bhi karo,koi na koi humesha yahan khafa hai,
Doosro ko khush rakhte rakhte,
Yeh pata nahi kab bhool gaye,
Choti choti pareshaani mai hi hum jhool gaye,
Ek hi zindagi hai,khul ke hume hai jeena,
Dukh ka paani ho kitna hi kadwa,
Haste haste humme hai peena.

31. Uske Bina

Hum aaj bhi jab beete hue dino ko yaad karte hai,

Apni har baat mai aaj bhi,sirf uska hi zikr karte hai,

Tab toh kabhi socha nahi tha,

Ki uske bina jeena hoga ek bhi pal,

Ki usse sune bina,guzrega kabhi koi bhi kal,

Iss bheedh mai voh chehra kahin kho sa gaya,

Iss shor mai humaara sukoon jaise kahin chin sa gaya,

32. Taqdeer

Kaash zindagi mai logo ka rukna aam baat hoti,
Meri sabse pyari baazi kabhi na maat hoti,
Kaash meri taqdeer mere haath hoti,
Toh aaj voh sirf tasveer mai nahi,
Par mere saath hoti.

33. Kiraaye ke Ghar

Aksar yeh raaste humme phasa dete hai,
Galat jagahon pe apna ghar hum hass ke bana lete hai,
Unhi gharon mai apna dil bhi hum basa lete hai,
Waqt ke saath saath hume apna thikaana bhi badal lena
chahiye,
Kyuki yeh ghar kissi paraye ke hai,
Inn gharon mai khushiyon ka aana jaana bhi nahi,
Kyuki yeh ghar apne nahi, kiraye ke hai.

34. Be-Rang

Tumhaare jaate hi dil kuch aise soona hone laga,

Kadakti dhoop mai bhi kaise andhera hone laga,

Meri rango se bhari zindagi ek dum be rang si ho gayi,

Samandar se bhi gehri meri mohobbat,

Kaise kam reh gayi.

Jinlogo pe kiya sabse zyaada bharosa,

Unhone hi hume sabse pehle chora,

Jinse humne apne ko jodha,unhone hi usse sabse pehle todha,

Kash kabhi usse samjh aata ki mera pyar kitna gehra tha,

Labon pe humesha hasi thi,par ander hi ander mai kitna kuch

sehta tha.

Bohot fakr hai humme ki mere jaisa pyaar usse kabhi koi kar

nahi sakta,

Meri har dua mai pehla naam uska na ho,aisa kabhi ho nahi

sakta.

35. Gila

Maanga nahi ae zindagi tujse zyaada kuch kabhi,
Chaha nahi ae zindagi,usse zyaada kissi ko kabhi,
Voh nahi mili toh tujhse bhi koi gila nahi,
Ab toh tu jannat bhi dede phir bhi,
Lagega ki jaise kabhi kuch mila nahi.
Kaash unse hum kabhi mile na hote,
Dil mai phir itne gile na hote,
Raatein bhi itni barbaad na hoti rote hue,
Adhoori bhi na rehte,sab kuch hote hue.

36. Dhaaga

Ho sakta hai yeh kabhi samjha na sake hum usko,

Apne pyaar ke dhaago mai kabhi uljha na sake hum usko,

Khwahishe toh bohot hui hai iss dil ko,

Par uski baat alag hai,

Uske alava chahiye kuch bhi nahi,yeh baat alag hai.

37. Siyaahi

Kaise bhulaye uss yaad ko jo bhooli na jaaye,

Kaise bhulaye uss baat ko jo labon se qabooli na jaaye,

Nazro se jo itna door hai,

Kyu voh dil ke itna kareeb hai,

Rehta jo dil mai hai,

Bhulaane ki usse na jaane kya tarkeeb hai,

Saath nahi bhi hai,phir bhi mere hal pal ki raahi hai voh,

Waqt bhi na mita saka aisi siyaahi hai voh,

Aakhon mai kyu aaj bhi ek vahi tasveer rehti hai,

Aksar raaton mai voh,aaj bhi meri aakhon se behti hai,

38. Voh Shaam

Aaj bhi uski ek awaaz dhadhkane badha deti hai,
Usko dekh ke yeh nigaahein, aaj bhi muskura deti hai,
voh raah hi kya jiski manzil voh na ho,
Guzarta ek pal nahi,jab dil mai voh na ho,
Aaj bhi inn labon pe zikr sirf uske naam ka hai,
Milegi jab voh humme intezaar bas uss shaam ka hai.

39. Raat.

Mohobbat mai dil ki baazi laga ke bhi,

Sab kuch khoye hai hum,

Aasu bhi ho gaye hai khatam,

Lakin phir bhi roye hai hum,

Basta tha jo kabhi inn aakhon mai,

Aaj voh meri yaad mai,

Neend udhayi thi jisne kabhi,

Aaj uski yaad mai jaagte hai hum raaton mai.

Akelapan aisa ban gaya mera saaya,

Chala gaya har koi jo bhi zindagi mai aaya,

Bhari bhari si hai aakhein,tezz chal rahi hai saasein,

Hota hai yeh kyu,sochte sochte nikal jaati hai ab meri saari

raatein.

Soche thai jo khwaab,

Voh ab adhoore ho gaye,

Hummare saath rehne ke din,

Shayad ab poore ho gaye,

Aaj bhi yaad aati hai,

Voh aadhi raat mai ki hui baatein,

Chale gaye sab,

Lakin reh gayi toh sirf voh yaadein.

40. Mannat

Ek raat jo bitaane ko sochi thi uske saath,

Taaron ke neeche, mai aur voh,

Aur mere haatho mai uska haath,

Uss raat alfaaz nahi,par bolti hummari khamoshiyan,

Uss pal jo mehsoos hoti,bas vahi hai meri asli khushiyan,

Aakhon mai thandhak hoti aur mere saamne hoti meri jannat,

Bas yahi toh hai meri ek lauti mannat,

Uss raat waqt bhi tham jaata,

Saara gham ek pal mai khatam ho jaata,

Lakin na voh mere kabhi kareeb hui,

Aur na aise raat kabhi humme naseeb hui,

41. Amaanat.

Itna kehne ke baad bhi voh samjhni nahi kabhi meri baatein,
Usse khayalo mai rakh ke bitayi,
Humne na jaane kitni raatein,
Mohobbat toh voh meri thi,
Par saath thi kissi aur ke,
Dil mai basi voh mere thi,
Par usne thaama haath kissi aur ke,

42. Koshishein

Kitni Mohobbatein adhoori reh jaati hai,
Aap kitne bhi paas ho,
Phir bhi doori ho jaati hai,
Koshishein kitni bhi karlo,
Par kuch khwahishein haasil nahi hoti,
Raasta ho sakta hai ek ho,
Par phir bhi manzil ek nahi hoti.

43. Fitoor.

Kya karein iss dil ka isse kaise roke,
Pyaar karne se darta nahi,
Jab ke mile hai isse kayi dhoke,
Voh zindagi hi kya jisme apne na choothe,
Voh mohobbat hi kya,
Jisme dil na toote.
Kaash usse kabhi hum bata sake hum,
Uska khayal apne dil se kabhi hata sake hum,
Uske alava mera koi aur fitoor nahi tha,
Lakin khuda ko kabhi yeh manzoor nahi tha.

44. Kasam

Tooth jaate hai dil sirf logo ki baaton se,
Chooth jaate hai log,
Kya karein ab unki yaadon se,
Humesha saath chalne ki toh,
Har koi khata hai kasam,
Par ek din hojaata hai,har ek rishta bhasam.

45. Lamhe

Unn lamho ki jab yaad aati hai,
Toh aksar aakh ho jaati hai namm,
Sawaal yeh hai,
Ki uske bin ab kaise jiyenge hum,
Mohobbat kar toh li hai,
Par ab usse bhulaye kaise,
Akele hai ab iss raah mai,
Yeh yakeen dil ko dilaaye kaise.

46. Chashma

Aksar pyaar lafzo se bayan nahi hota,
Voh shaqs humse kaash mila hi nahi hota,
Aakhon mai aksar dil ke dard nazar aatey hai,
Aur log poochte hai,
Hum humesha chashma pehne hi kyu nazar aatey hai.

47. Tabeer.

Poori nahi hoti har voh dua,
Jo nikli ho poore dil se,
Itne paas aake bhi,
Kitne door hain hum apni manzil se,
Khuda ka yeh khel bhi sabse niraala hai,
Logo ne kitni aasaani se hume apne dil se nikaala hai.
Aaj bhi mere har khwaab ki tabeer ho tum,
Maanga har dua mai,ki meri taqdeer ho tum,
Par lagta hai shayad aaj bhi khuda humse khafa hai,
Tabhi pyaar ke badle kabhi pyaar mila nahi,
Yeh hua ab kayi dafa hai.

48. Humdum.

Waqt humme aksar aise din bhi dikhaata hai,
Har khoobsurat khwaab muqammal nahi hota,yeh bhi bataata
hai,
Sabse acha sabak zindagi humme sikha hi deti hai,
Akhir mai khud se pyar aur khush rehne ka rasta bata hi deti
hai.
Iska jawaab aaj tak na mila ki yeh hota kyu hai,
Dil pyaar ko paake usse ek din khota kyu hai,
Yeh aakhein bhi ab rehne lagi hai nam,
Gaye jo chorke beech raah mai,
Mere Humdum,Mere Humdum.

49. Safar

Ek sawaal hai jo mai poochta hu mere rab se,
Aise bhi kya galti ki,jiski saza mil rahi jaane kab se,
Jinko khone se sabse zyaada dara,
Vahi kyu peeche chooth jaate hai,
Jo sache dil se pyaar karte hai,
Sirf unhi ke dil kyu tooth jaate hai,
Sirf yaadon ke sahaare jeete kaise hai,
Yeh toh kabhi kissi ne sikhaya nahi,
Akele hi tay karna hoga yeh safar,
Yeh shuru mai kissi ne kyu bataya nahi.

50. Na Jaane

Aaj jab baithe baithe uska khayal aaya,

Jaane kahan hogi voh yeh sawaal aaya,

Kya aaj bhi voh gaane gun gunaate hue soti hogi,

Kya aaj bhi voh logo se chupke roti hogi,

Kya aaj bhi dukhi hone pe, akeli baith jaati hogi,

Kya aaj bhi choti choti baaton pe,

Khush ho jaati hogi,

Gaye hue usse hogaye hai kitne baras,

Dekhne ko usse yeh aakhein gayi hai taras,

Kya pata kis modh pe hum takra jaaye,

Issi intezaar mai mera har din beet jaaye,

Na jaane kab uske khayal aane band honge,

Na jaane kab yeh sawaal aane band honge.

51. Afsaane

Itni duaon ke baad bhi bani voh hummari aarzoo-e-na-saboor,
Maloom yeh to hume bhi nahi,
Ki isme kya tha humaara kasoor,
Uski mohobbat mai hum bhi hoagye itne mastaane,
Aaj bhi jab aakhain band hoti hai,
Toh nazar aatey hai voh afsaane.
Yeh jo har taraf chaaya hua hai sannata,
Yeh toh waqt ne hai sabko baata,
Sabke hisse mai hai thodi roshni aur thoda andhera,
Na jaane kab milega jiske liye dhadhakta hai dil mera,
Khwaahishon ki karvato pe,
Ab raatein guzarti hai,
Khwaab dekhne nahi chore,
Jabki roz kitni umeedein bikharti hai.

52. Baarish

Na jaane kitne baras beet gaye uss baat ko,

Mile thai jab hum usse aakhri baar uss raat ko,

Kyu tooth jaata hai duniya mai har voh saath,

Kyu chooth jaata hai kas ke thaama hua har voh haath,

Uske labon se nikle har alfaaz pe hum marte rahe,

Khamosh rehke bhi hum usse mohobbat karte rahe,

Dard ki baarisho mai hum itna bheeg gaye,

Roz marke bhi hum jeena seekh gaye.

53. Arsa.

Kehne ko toh voh chand din pehle mila ek shaqs tha ,
Kehne ke liye toh voh chand din thai par mere liye toh ek arsa
tha,
Ek mehek thi, ek maza tha , ek nasha tha ,
Din kab tha , aur kab thi raaat , yeh na pata tha ,
Ek khumaar tha , ek junooon tha , ek khwaab tha,
Zindagi bhar ke sawaalo ka shayad jawaab tha,
Kehne ke liye toh ek shaqs tha , Par mere liye toh ,mera sab kuch
tha,
Shaamon ka sukoon tha, dil ka fitoor tha , aur shayad ishq bhi
tha,
Par humaara voh waqt nahi tha , aur khuda ko manzooor nahi
tha,
Lakin phir bhi voh dil se voh kabhi dooor nahi tha ,
Kehne ko toh voh chand din pehle mila ek shaqs tha ,
Kehne ke liye toh voh chand din thai par mere liye toh ek arsa
tha.

54. Ummeed.

Bhare taaron si yeh rangeen shaam hai,
Mere dil ke har kone pe,
Aaj bhi unka naam hai,
Gaye kyu voh hume chor ke,
Zindagi ke iss modh pe,
Khade hai aaj bhi hum yahin,
Apne dil ko umeedo se jodh ke.

55. Talab.

Uske ek khayal se dil mai jaise sailaab aajata hai,
Jo hasrate dil ke kissi kone mai dab gayi thi,
Unme bhi jaise ghumaar aajaata hai,
Talab thi uski humme iss qadar ki,
Raatein gayi theher,
Andhero mai hi beet gayi umar
Ab na jaane kab hogi seher.

56. Thak chuke kadam.

Bas baat itni si thi ki thak chuke thai hum,

Intezaar karte karte thak chuke thai hum,

Jo inn aakhon ko bhaya, voh kabhi zindagi mai na aaya,

Har baar jawaab mai na, sunke thak chuke thai hum,

Jinki sirf awaaz se hi dil ko sukoon mil jaata tha,

Voh sukoon ko dhoondhte dhoondhte, thak chuke thai hum,

Jo bane thai hummari har khushi ki vajah,

Uss khushi ke peeche bhaagte bhaagte thak chuke thai hum,

Jinke sirf door jaane se yeh aakhein namm padh gayi,

Unn aasuon ko chupaate chupaate thak chuke thai hum,

Koi aisa ho jo humara haath thaame, bas saath hone ka ehsaas

dilaaye,

Uss ehsaas ko paane ke liye taras chuke thai hum,

Jinse behadh pyaar hua bhi humme,

Unhe doosro ke saath dekh kar thak chuke thai hum,

Khwahishein na jaane kitni adhoori reh gayi,

Bas iss baat se ab thak chuke thai hum.

57. Aazmaish

Gumsum gumsum sa kyu yeh mann hai
Khamoshi ka yeh mausam hai,
Baarish ki har ek boond, mai koi chehra nazar aata hai,
Pukarta jisse yeh dil hai, voh kahin laapata ho jaata hai,
Zakhm jo diye hai beete waqt ne, bharne ki unko koshish hai,
Yahi ab iss zindagi ki sabse badi aazmaish hai,
Kadam bhi hummare ab thode thode thak chuke hai,
Unko bhulaane ke na jaane kitne jatan hum kar chuke hai,
Dheemi dheemi si meri ab dhadkane hai,
Adhoore reh gaye na jaane kitne afsaane hai,
Kissi ko chahne se ab yeh dil bhi darta hai,
Fir se na kahin tooth jaaye, yeh sawaal aksar ubharta hai,
Andhero mai bitaya na jaane kitna waqt hai,
Intezaar ab bas saher ke hone ka hai,
Sambhala hai khud kayi mushakato ke baad,
Intezaar ab bas dard kam hone ka hai.

58. Naya Daur

Bikhre patto ke beech khud ko sameta hai,

Tez baarisho ke beech apne hausle se khud ko lapeta hai,

Kadam kadam pe dil bikhra bhi hai, toota bhi hai,

Palko pe sajaya tha jinhe,unka saath chootha bhi hai,

Khamoshiyon ke bistar pe na jaane kitnee raatein beetee hai,

Kitni ladhayan toh humne akele hi jeete hai,

Jo zindagi pehle guzar rahi thi, ab usse jeene ka iraada hai,

Gham mai bhi in labon pe hassi rahegi,yeh khud se kiya wada

hai,

Duniya ki kashmakash se bachaane na koi aur aayega,

Waqt toh sabka aata hai lakin apna toh daur aayega.

59. Modh

Shaamein kuch zindagi mai aisi bhi hoti hai,
Jab sooraj nahi,hum kahin doob jaate hai,
Raatein kuch zindagi mai aisi bhi hoti hai,
Jab chaand nahi,hum kahin dhal jaate hai,
Zindagi ki raah bhi sadak ki tarah hoti hai,
Aur modh par koi kuch khota hai,
Toh koi kuch paata hai,
Kissi modh pe dil dukhta hai,
Toh aakhein bhi roti hai,
Kissi modh pe khwahishein poori hoti hai,
Toh yeh dil bhi hasta hai,
Zindagi ki kitaab mai,
Apne khwaabo ke kalam se apni kahani hum khud likhenge,
Aaj nahi toh kissi aur din,
Apni manzil se humbhi milenge.

60. Ae Zindagi

Mushkil hai yeh lakin lajawaab hai,
Dukh hai lakin khusiyan bhi be-hisaab hai,
Rulaati hai magar,hasaati bhi hai,
Jo socho na,voh manzar bhi yeh dikhaati hai,
Agar peeche mudh ke dekho toh kitni yaadgar hai,
Tu jaise bhi hai zindagi,
Mujhe tujhse hi pyaar hai.
Darr toh bahot hai zindagi mai haar jaane ka,
Lakin yeh kadam kabhi rukenge nahi,
Aur mere hausle kabhi thamenge nahi.

61. Zamaane

Chora jab kissi ne toh khud ko paaya,
Aadatein chooti jo ban chuki thi har waqt ka saaya,
Itne din jo doosro ke liye jeene mai beete hai,
Yeh toh bhool hi gaye ki khud ke liye kaise jeete hai,
Ehsaas hua kaafi kuch khwaahishe adhoore reh gayi,
Baatein jo dil mai thi,voh kehna poori reh gayi,
Log bhi dheere dheere apne asli rang dikhaane lag gaye,
Aur unko chahne mai hum khud se itna door ho gaye,
Ki waapas dhoondhne mai zamaane lag gaye.

62. Ehmiyat

Malang malang si yeh shaam hai,

Dil ko aaj na dooja koi kaam hai,

Thoda ruk ke aaj iss zindagi ki ehmiyat samajh le,

Iss zindagi ki kya hai qeemat ye baat samajh le,

Mili hai jo hume nayaab nayaab cheezein,

Kyun dusron se lagaye baithe rehte hain hum ummeedein,

Hunar jo humare andar chhupa baitha hai,

Dil kyun tumhara kisi aur ke intezaar mein baitha hai,

Aankhein hab kholo sawera hota hai,

Kabhi na kabhi toh iss zindagi mein zaroor andhera hota hai,

Har gham ke baad bhi agar tum muskurana seekh gaye ho,

Toh iss Zindagi ko jeena tum seekh gaye ho.

63. Nazar

Kabhi kabhi kuch rishton ka tootna hi sahi hota hai,
Kuch logon ka choothna hi sahi hota hai,
Dil toot ta hai toh bohot kuch sikha deta hai,
Aankhon ki patti hata ke bohot kuch dikha deta hai.
Thoda dard toh sabki zindagi musalsal hai,
Har mushkil ka iss duniya mein hal hai,
Nazar ghuma ke toh dekho,
Khushiyaan har pal hain,
Hasta khelta tumhaara aane wala kal hai.

64. Tayyar

Waqt toh ab aise daudh lagata hai,
Haathon mein kuch bhi nahi aata hai,
Aage kya hoga ye ab koi nahi batata hai,
Ek darr ab har pal satata hai,
Sadkon pe toh sannata hai,
Par mann mein shor hai,
Haathon mein khwaabon ki ek dor hai,
Har mushkil ke liye ab ek hathiyaar hai,
Agle safar pe chalne ke liye ab hum tayyar hai.

Haseen Manzilein

Chotein bhi aksar bohot kuch sikha deti hain,

Jo hum pehle nahi dekh paate the,

Voh bhi hume dikha deti hain,

Shukr guzaar hai hum unke,

Jinhone itna tezz giraya hai,

Tabhi zindagi ne hume apne aur paraye mein fark dikhaya hai.

Zingai ek shatranj ke khel ki tarah hai,

Paltegi toh hai hi,

Mehnat karne walon ki qismat chamkegi toh hai hi,

Chale hum le ke apni zindagi inn andheron se door,

Rukne ka koi sawaal nahi,

Ho bhale hi hum kitne majboor,

Milti hai ye zindagi humein ek hi baar,

Itni aasani se kaise maan sakte hain hum haar,

Har modh pe girne ke baad bhi,

Aaj apne pairon pe muqammal khade hain,

Dekh ae zindagi, mere hausle tujhse bhi bade hain,

Haalaton se bhaagna hota hai sabse jyada aasan,

Par unse ladh ke aage kaise badhna hai,

Wahi hai asal ghamasaan,

Raaston mein humsafar hongi mushkilein,

Par ye mushkilein banati hain behadh haseen manzilein,